essentials

essentials liefern aktuelles Wissen in konzentrierter Form. Die Essenz dessen, worauf es als „State-of-the-Art" in der gegenwärtigen Fachdiskussion oder in der Praxis ankommt. *essentials* informieren schnell, unkompliziert und verständlich

- als Einführung in ein aktuelles Thema aus Ihrem Fachgebiet
- als Einstieg in ein für Sie noch unbekanntes Themenfeld
- als Einblick, um zum Thema mitreden zu können

Die Bücher in elektronischer und gedruckter Form bringen das Expertenwissen von Springer-Fachautoren kompakt zur Darstellung. Sie sind besonders für die Nutzung als eBook auf Tablet-PCs, eBook-Readern und Smartphones geeignet. *essentials:* Wissensbausteine aus den Wirtschafts-, Sozial- und Geisteswissenschaften, aus Technik und Naturwissenschaften sowie aus Medizin, Psychologie und Gesundheitsberufen. Von renommierten Autoren aller Springer-Verlagsmarken.

Weitere Bände in der Reihe http://www.springer.com/series/13088

Thorsten Knoll

Veranstaltungsformate im Vergleich

Entscheidungshilfen zum passgenauen Event

Dr. Thorsten Knoll
TUBS GmbH
Berlin, Deutschland

ISSN 2197-6708   ISSN 2197-6716   (electronic)
essentials
ISBN 978-3-658-22017-4   ISBN 978-3-658-22018-1   (eBook)
https://doi.org/10.1007/978-3-658-22018-1

Die Deutsche Nationalbibliothek verzeichnet diese Publikation in der Deutschen Nationalbibliografie; detaillierte bibliografische Daten sind im Internet über http://dnb.d-nb.de abrufbar.

Springer Gabler
© Springer Fachmedien Wiesbaden GmbH, ein Teil von Springer Nature 2018
Das Werk einschließlich aller seiner Teile ist urheberrechtlich geschützt. Jede Verwertung, die nicht ausdrücklich vom Urheberrechtsgesetz zugelassen ist, bedarf der vorherigen Zustimmung des Verlags. Das gilt insbesondere für Vervielfältigungen, Bearbeitungen, Übersetzungen, Mikroverfilmungen und die Einspeicherung und Verarbeitung in elektronischen Systemen.
Die Wiedergabe von Gebrauchsnamen, Handelsnamen, Warenbezeichnungen usw. in diesem Werk berechtigt auch ohne besondere Kennzeichnung nicht zu der Annahme, dass solche Namen im Sinne der Warenzeichen- und Markenschutz-Gesetzgebung als frei zu betrachten wären und daher von jedermann benutzt werden dürften.
Der Verlag, die Autoren und die Herausgeber gehen davon aus, dass die Angaben und Informationen in diesem Werk zum Zeitpunkt der Veröffentlichung vollständig und korrekt sind. Weder der Verlag noch die Autoren oder die Herausgeber übernehmen, ausdrücklich oder implizit, Gewähr für den Inhalt des Werkes, etwaige Fehler oder Äußerungen. Der Verlag bleibt im Hinblick auf geografische Zuordnungen und Gebietsbezeichnungen in veröffentlichten Karten und Institutionsadressen neutral.

Gedruckt auf säurefreiem und chlorfrei gebleichtem Papier

Springer Gabler ist ein Imprint der eingetragenen Gesellschaft Springer Fachmedien Wiesbaden GmbH und ist ein Teil von Springer Nature
Die Anschrift der Gesellschaft ist: Abraham-Lincoln-Str. 46, 65189 Wiesbaden, Germany

Was Sie in diesem *essential* finden können

Ganz neue Veranstaltungsformate erobern erfolgreich den Markt der Möglichkeiten, doch das bedeutet nicht, dass Traditionelles damit weniger Berechtigung und kein Publikum mehr hat. Neben der organisatorischen Orientierung ist aber die Entscheidung für das richtige Format von zunehmender Relevanz.

Die Qual der richtigen Wahl steigt: Welches Veranstaltungsformat ist geeignet, um Bekanntes zu verbreiten, Probleme zu lösen, um neue Informationen zu generieren? Wie werde ich den Wünschen und Anforderungen der Teilnehmenden (TN) gerecht? Was braucht Zeit, was mehr Raum und Publikum? Mit welchem Veranstaltungsformat kann ich mein Ziel am effizientesten erreichen?

Der Gegenüberstellung von 21 neuen und etablierten Veranstaltungsformaten geht eine individuelle Entscheidungshilfe durch Kategorisierung voran:

- nach Zielgruppen – wen wollen Sie erreichen?
- nach Zielvorgaben – was wollen Sie erreichen?
- nach Teilnehmerzahlen – welche Veranstaltungsgröße streben Sie an?
- nach dem Partizipationsgrad der Teilnehmenden – wollen Sie interessierte Zuhörer, semiaktive Teilhaber oder kreative Mitgestalter?

Inhaltsverzeichnis

Über den Autor

Dr. Thorsten Knoll arbeitet seit 2001 als Projektleiter im Veranstaltungsmanagement der TUBS GmbH, Berlin, und verantwortet dort die konzeptionelle und organisatorische Durchführung von Kongressen und Tagungen, von wissenschaftlichen Ausstellungen und Messebeteiligungen.

Nach seinem erfolgreichem Studienabschluss an der Freien Universität Berlin und der Promotion als Kunst- und Architekturhistoriker fand der passionierte Teetrinker aus Ostwestfalen-Lippe durch das „European Communication and Administration"-Studium im Veranstaltungs- und Ausstellungsbereich ein neues Sujet, das ihn – in Theorie und Praxis – bis heute fesselt und durch zahlreiche Publikationen begleitet.

Er lehrt in verschiedenen wissenschaftlichen Einrichtungen als Gastdozent und Leiter von Workshops professionelles Veranstaltungsmanagement im MICE-Bereich. Sein besonderes Interesse gilt dabei dem digitalen Wandel in der Veranstaltungsbranche durch den Einsatz innovativer Technologien und der konzeptionellen Entwicklung und Umsetzung neuer, partizipativer Veranstaltungsformate.

Vom Wandel im Veranstaltungswesen 1

Podiumsdiskussion, Kongress oder Workshop? Ausgehend von Zielen und Zielgruppen war diese Entscheidung noch vor wenigen Jahrzehnten weitaus einfacher. Und als Rahmenprogramm dazu unabdingbar Sightseeing und regionale Küche.

Der digitale Wandel hat das Veranstaltungswesen sowohl informationstechnisch wie auch im sozialen Miteinander geprägt und verändert. Es ist leichter geworden, sich online zu informieren und auszutauschen, online zusammenzuarbeiten, auch online zu tagen. Aber noch kann keine Skype-Konferenz einen persönlichen Austausch über den Forschungsstand, keine Vernetzung im Internet über Freundschaftsanfragen und Foren den unmittelbaren Augenkontakt ersetzen. Und ein adäquates Rahmenprogramm kann das Seine dazu tun.

Doch setzen die neuen technologischen Möglichkeiten die Motivationsgrenzen hoch und potenziell Teilnehmende sind im Wettbewerb der Veranstalter hart umkämpft. Wer für eine Veranstaltung gewinnen will, muss in den Gewässern der Informationsüberflutung positiv auffallen und strategisch ein Interesse an weitergehender Information wecken. Denn sonst wird weitergescrollt. Es braucht heute weit mehr als ein Hauptstadt-Event in hellen Räumen bei freiem WLAN, um attraktiv zu sein! Die aktiven Zielgruppen, die die Veranstalter zur Teilnahme gewinnen möchten, wollen mitmischen, involviert werden, sich mitteilen. Sie möchten selbst verantworten und selbst organisieren. Informationsaustausch im Mitmachformat steht hoch im Kurs. Erkenntnisgewinn durch Co-Kreation, durch gemeinsames schöpferisches Erarbeiten von Lösungen ist heute für viele von höherer Relevanz als die Rezeption von frontal vorgetragenem Fertigwissen. Die Top-Down-Kommunikation geht zurück, es sei denn einer der ganz wenigen wirklich großen Namen tritt auf dem Podium auf. Der Partizipationsgedanke gibt einen guten Weg vor, dem dann aber doch wieder nicht alle uneingeschränkt

© Springer Fachmedien Wiesbaden GmbH, ein Teil von Springer Nature 2018   1
T. Knoll, *Veranstaltungsformate im Vergleich,* essentials,
https://doi.org/10.1007/978-3-658-22018-1_1

folgen werden, weil in der Veranstaltungsbranche ebenso individuell wie wählerisch über das Angebot entschieden wird. Auf beiden Seiten, denn auch die Organisatoren probieren, mischen, variieren auf der Suche nach der richtigen Rezeptur die Bestandteile der Veranstaltung. Ein Slam-Event als Abrundung der Großveranstaltung? Oder doch lieber eine Fishbowl Diskussion oder eine Pecha-Kucha-Nacht? Parallele und erweiternde Elemente steigern in der richtigen Abstimmung die Gruppe der Interessenten und ihre Lust teilzunehmen, auch im konventionellen Rahmen.

Eine gelungene Veranstaltung muss interessant und dabei effizient sein, sollte die Teilnehmenden ins Gespräch bringen und neue Denkanstöße liefern. Die neuen Veranstaltungsformate setzen dabei im Ablauf vielfach multithematisch auf zeitlich gestraffte Abrisse (z. B. Elevator Pitch, Speed Networking, Pecha Kucha, Meet & Match, Slam Events, Fame Lab). Kompakte Wissensvorstellung oder -vermittlung, unterhaltsam, kurzweilig, häufig selektiv als Vorstufe zu mehr. Ein weiteres bestimmendes Charakteristikum dieser Generation ist der Nutzen der Schwarmintelligenz, der Weisheit der Vielen, in Worldcafés, an Round Tables, auf Open Space oder Zukunftskonferenzen, auf Hackathons oder in Barcamps/Themencamps. Interaktiv und interdisziplinär neue Inhalte schaffen und Ziele erreichen. Die Umsetzung des partizipativen Gedankens dabei als Trigger für die Freisetzung kreativer Energien. Oder darf es für Sie doch die bewährte Podiumsdiskussion, der Kongress oder Workshop sein?

Um die Auswahl zu erleichtern, soll hier ein grundlegender Überblick über 21 verschiedene Veranstaltungsformate gegeben werden. Ein Anspruch auf Vollständigkeit kann nicht bestehen. Cross Over-Formen und vorhandene Varianten der dargestellten Formate sind schon heute auf dem Veranstaltungsmarkt zulässige und erwünschte Resultate individueller Anpassungen an die Bedürfnisse. Eine organisatorische Orientierung vorab und ein nach Auswahlkriterien strukturierter Entscheidungsfinder führen Sie zielgenau zu den für Ihre Veranstaltung passenden Formaten.

Organisatorische Orientierung: „Was will ich mit wem wo wann und wie erreichen?" 2

Was? Formulieren Sie Ihre Ziele!

Bei der Vorbereitung von Veranstaltungen ist nicht der Weg das Ziel, sondern eine nach Veranstaltungsende vorliegende positive Bilanz. Inwieweit sich diese auf den ersten Blick finanziell darstellt, ist eine Frage des veranschlagten Budgets und der Investitionsbereitschaft. Und das Budget muss definiert werden vor dem Hintergrund schwer erfassbarer Erfolgsindikatoren, wie einer Steigerung der Motivation, des Wissens und der Zufriedenheit, einer Verbesserung des Images, des Betriebsklimas oder der Vernetzung.

Die Tagesordnung oder das Programm formuliert den Ablauf der Veranstaltung und ist somit Spiegel der geplanten Inhalte und Maßnahmen. Lassen Sie in ihr – wenn möglich – viel Freiraum für kreativen Input durch die Teilnehmenden, denn selbstformulierte Meinungen, Ideen und Wünsche, die das Veranstaltungsziel unterstützen motivatorisch auch deren Umsetzung und die persönliche Zufriedenheit der Teilnehmenden. Erfolg oder Misserfolg einer Veranstaltung sind immer auch eng verbunden mit dem Grad der Zufriedenheit der Teilnehmenden ebenso wie der Veranstalter.

- Formulieren Sie Ihre Veranstaltungsziele handlungsweisend – detailliert und positiv!
- Stecken Sie sie hoch, aber nicht unerreichbar!
- Sehen Sie die richtige Wahl des Veranstaltungsformats als ersten Schritt zur Zielerreichung!

Mit wem? Zielgruppen, Mitarbeiter, Organisatoren

Die Zielerreichung kann nur unter Einbeziehung der richtigen Zielgruppe in Organisation, Durchführung und Teilhabe erfolgen. Wer soll an Ihrer Veranstaltung

© Springer Fachmedien Wiesbaden GmbH, ein Teil von Springer Nature 2018
T. Knoll, *Veranstaltungsformate im Vergleich*, essentials,
https://doi.org/10.1007/978-3-658-22018-1_2

teilnehmen? Experten, Mitarbeiter, wissenschaftlicher Nachwuchs? Wer begleitet sie? Organisationsexperten, Moderatoren, Cateringunternehmen? Und in welcher Veranstaltungsgröße denken Sie? Im kleinen Rahmen, im Hunderterbereich oder wollen Sie das ganz große Publikum?

Den Zielvorgaben folgt im zweiten Schritt die Ermittlung der Zielgruppe. Die Zielgruppe umfasst alle Personen, die als Teilnehmende potenziell an den Veranstaltungsinhalten interessiert und der Zielerreichung förderlich sind. Die Bandbreite des Partizipationsgrads kann sich dabei auf der Veranstaltung von aktiv (z. B. als Podiumsexperte) bis zu passiv (z. B. als Zuhörender im Publikum) erstrecken. Die Festlegung einer Zielgruppe im Rahmen von Veranstaltungen weicht von der in Marketingkampagnen ab, da demografische Daten von geringerer Relevanz sind als psychografische Merkmale, aber insbesondere die Frage der Ausbildung, des Wissensstands und die berufliche Einbindung Personen als Mitglieder der Zielgruppe definieren.

Neben der homo- oder heterogen zusammengesetzten Zielgruppe sollten zudem Multiplikatoren geladen werden, prominente Teilnehmende, Influencer und Medien, wenn die Erfolge der Veranstaltung breit gestreut werden sollen. Viele Veranstaltungsformate bedürfen zudem der Unterstützung von einem oder mehreren Moderatoren. Der Moderator hat dabei eine wichtige Rolle. Zwischen Begrüßung und Abschlussworten leitet er nicht nur durch das Programm, sondern ermuntert und motiviert, steuert aktiv, sammelt Informationen, fasst zusammen und bilanziert und das alles mit oder ohne feste Moderationstechniken. Er ist Werbeträger der Veranstaltung und sein Einfluss auf das Gelingen damit groß. Viele weitere Personen, wie z. B. Protokollanten, Veranstaltungstechniker, Registrierungs- und Cateringpersonal, unterstützen den erfolgreichen Veranstaltungsverlauf. So viele, dass die Organisation einer Veranstaltung außerhalb der eigenen vier Wände gerne in die Hände von Fachleuten der Veranstaltungsplanung und -durchführung gegeben wird, um sich von Veranstalterseite auf die Zielgruppen, Ziele und deren Umsetzung konzentrieren zu können.

Wo? Kreativwerkstatt oder Kongresszentrum?
Das „Wo" einer Veranstaltung ist in erster Linie abhängig von der Veranstaltungsgröße, der Veranstaltungsform und der demzufolge erforderlichen Ausstattung. Von der erhofften Ausstrahlung der Veranstaltung zwischen bodenständig kreativ und hochgradig repräsentativ. Nicht zuletzt von dem vorhandenen Budget.

- Wie viele Teilnehmende erwarte ich?
- Welche Sitzordnung, welche Raumausstattung ist erforderlich?
- Welche und wie viele Nebenschauplätze sind nötig?

Der Veranstaltungsraum muss der Veranstaltungsgröße angemessen sein. Ist der Raum zu klein, wird es schnell unruhig, führt dieses zu Konzentrationsproblemen, Ermüdung und schlechter Stimmung. Ist der Raum zu groß, mangelt es an Atmosphäre und Kontakt. Die Teilnehmenden sollen sich in angenehmer Umgebung wohl fühlen und dazu gehört die Berücksichtigung der Grundbedürfnisse nach Tageslichteinfall, nach guter Belüftung und ggf. Beheizung. Nach Verpflegung mit Kaltgetränken, Kaffee und Tee, mit Kleingebäck, Schnittchen oder, der Dauer der Veranstaltung und dem Serviceumfang entsprechend, auch mit ganzen Mahlzeiten und nächtlicher Unterkunft.

Round-Table-Sessions vermitteln schon namentlich besondere Ausstattungswünsche. Andere Veranstaltungsformen bevorzugen im Hinblick auf erhoffte Kommunikationsprozesse Tische in U-Form, eine Bankett-, Halbkreis- oder Carré-Bestuhlung, eine Bühne und Raum für ein großes Publikum. Bei einer Stuhlreihung ohne Tische gilt ein Platzbedarf von etwa 1 m^2 pro Person. Bankettbestuhlungen mit fünf bis sechs Personen an kleinen runden Tischen veranschlagen etwa 1,5 m^2. Platzintensiver sind die Ausstattungsformen, die in ihrer Sitzordnung viele Personen block- oder kreisförmig an eine Tafel bringen (ca. 3,5 m^2/Person), garantieren dabei aber ein größeres und intensiveres Miteinander auf Augenhöhe. Neben dem förderlichen Mobiliar müssen die technischen Erfordernisse (Beamer, Ton- und ggf. Lichttechnik) und die Bereitstellung hilfreicher Materialien (Flipcharts, Tafeln, Notizblöcke) gesichert sein.

Einige Veranstaltungstypen konzentrieren sich auf einen einzigen Raum, andere basieren als Veranstaltungsformat auf zeitgleich stattfindenden Sessions, auf räumlich getrennter Kleingruppenarbeit, brauchen Pausen- und Entspannungsräume oder Mensen. Und das alles an einem ziel- und kreativitätsfördernden Veranstaltungsort.

Wann? Termine und Denkpausen
Der richtige Moment, der günstigste Zeitraum, das Wissen um die Einmaligkeit des Augenblicks: Wann ist der beste Zeitpunkt für ein geplantes Event? Eine pauschale Beantwortung ist hier unmöglich. Es ist individuell von der Ausgangslage und der Zielsetzung abhängig, von der Terminierung von Konkurrenzveranstaltungen, der Verfügbarkeit von prominenten zu ladenden Beteiligten oder ganz einfach den Urlaubs- und Ferienzeiten. Unter Berücksichtigung und Gewichtung dieser Faktoren sollte mit ausreichender Planungs- und Vorbereitungszeit ein Termin festgelegt werden.

Bei Tages- oder Halbtagesveranstaltungen ist pauschal davor zu warnen, nach der Mittagspause oder am späten Nachmittag Wichtiges zu besprechen oder von den Teilnehmenden große Kreativität zu erwarten. Die menschliche Leistungskurve befindet sich jetzt auf ihrem Tiefststand und mit ihr die Motivation und Gesprächsbereitschaft. Tragende Programmpunkte sollten insofern am besten am Vormittag oder frühen Abend stattfinden.

Die Aufmerksamkeitsspanne, die Zeit, in der sich die Teilnehmenden ganz auf eine Sache konzentrieren können, ist mit maximal 90 min bemessen. Danach ist eine Pause wichtig, deren Gestaltung im Allgemeinen im Veranstaltungswesen nicht mehr dem Zufall oder dem Kaffeekonsum überlassen wird, sondern die durch die Veranstalter gezielt und methodisch konzipiert wird, um der Kontaktaufnahme und damit dem Netzwerken unter den Teilnehmenden als zusätzlicher Nutzen der Veranstaltung zu dienen.

Wie? Mit Format
Wie ein Ziel erreicht werden kann, ist an die passgenaue Entscheidung für ein Veranstaltungsformat gebunden. Passgenau abhängig von

- den erhofften Zielgruppen,
- von den Zielvorgaben,
- der Zahl der erwarteten Teilnehmenden und
- dem auf dem Event möglichen Partizipationsgrad.

Anhand dieser vier Faktoren ermöglicht der folgende Entscheidungsfinder Ihnen, die für Ihr Ansinnen geeigneten Veranstaltungsformate aus den Kurzvorstellungen der 21 Profile zu filtern.

Entscheidungsfinder

© Springer Fachmedien Wiesbaden GmbH, ein Teil von Springer Nature 2018
T. Knoll, *Veranstaltungsformate im Vergleich,* essentials,
https://doi.org/10.1007/978-3-658-22018-1_3

3.1   Zielgruppen

Nach Zielgruppen	Unternehmen	Politik	Wissenschaft/Forschung	Verbände/Stiftungen	Bürgerforen
V1 Barcamp/Themencamp				X	X
V2 Elevator Pitch	X		X		
V3 Fame Lab			X		
V4 Fishbowl Diskussion	X		X		X
V5 Hackathon	X		X		
V6 Kongress		X	X		
V7 Meet & Match	X			X	
V8 Open Space Konferenz	X	X		X	X
V9 Pecha Kucha			X	X	
V10 Podiumsdiskussion		X	X	X	
V11 Round-Table-Session	X	X	X	X	X
V12 Seminar /Webinar	X		X	X	
V13 Slam-Event			X		X
V14 Speaker's Corner		X	X		X
V15 Speed Networking	X			X	
V16 Symposium		X	X	X	
V17 Thinkathon (Makeathon)	X	X		X	X
V18 Town Hall Meeting	X	X			X
V19 Workshop	X	X	X	X	X
V20 Worldcafé/Themencafé	X	X	X	X	X
V21 Zukunftskonferenz	X			X	X

3.2   Zielvorgaben

Nach Zielvorgaben	Information	Weiterbildung	Wissensgenerierung	Meinungsbildung	Interessensvertretung	Konfliktbehebung	Auswahlverfahren	Mitarbeitermotivation	Vernetzung
V1 Barcamp/Themencamp			X					X	X
V2 Elevator Pitch	X			X	X		X		
V3 Fame Lab	X				X		X		
V4 Fishbowl Diskussion				X		X	X	X	
V5 Hackathon			X						X
V6 Kongress	X	X							X
V7 Meet & Match				X	X				X
V8 Open Space Konferenz		X	X						X
V9 Pecha Kucha	X	X					X		
V10 Podiumsdiskussion	X			X	X	X			
V11 Round-Table-Session			X	X			X	X	X
V12 Seminar /Webinar		X						X	
V13 Slam-Event	X	X							
V14 Speaker's Corner	X				X				
V15 Speed Networking				X	X				X
V16 Symposium	X	X		X	X				X
V17 Thinkathon (Makeathon)			X	X		X		X	X
V18 Town Hall Meeting	X			X	X	X		X	
V19 Workshop	X	X		X					
V20 Worldcafé/Themencafé			X					X	X
V21 Zukunftskonferenz	X		X	X		X		X	X

3.3   Teilnehmerzahlen

Nach Teilnehmerzahlen	max. 20 TN	max. 50 TN	max. 100 TN	TN möglich mehr als 100
V1 Barcamp/Themencamp			X	
V2 Elevator Pitch			X	
V3 Fame Lab			X	
V4 Fishbowl Diskussion		X		
V5 Hackathon				X
V6 Kongress				X
V7 Meet & Match				X
V8 Open Space Konferenz				X
V9 Pecha Kucha				X
V10 Podiumsdiskussion				X
V11 Round-Table-Session			X	
V12 Seminar /Webinar	X			
V13 Slam-Event				X
V14 Speaker's Corner			X	
V15 Speed Networking		X		
V16 Symposium				X
V17 Thinkathon (Makeathon)				X
V18 Town Hall Meeting				X
V19 Workshop		X		
V20 Worldcafé/Themencafé			X	
V21 Zukunftskonferenz			X	

3.4   Partizipationsgrad

Nach Partizipationsgrad	aktiv	moderat	passiv
V1 Barcamp/Themencamp	X		
V2 Elevator Pitch		X	
V3 Fame Lab			X
V4 Fishbowl Diskussion		X	
V5 Hackathon	X		
V6 Kongress			X
V7 Meet & Match	X		
V8 Open Space Konferenz	X		
V9 Pecha Kucha			X
V10 Podiumsdiskussion		X	
V11 Round-Table-Session	X		
V12 Seminar /Webinar	X		
V13 Slam-Event		X	
V14 Speaker's Corner			X
V15 Speed Networking	X		
V16 Symposium			X
V17 Thinkathon (Makeathon)	X		
V18 Town Hall Meeting		X	
V19 Workshop		X	
V20 Worldcafé/Themencafé	X		
V21 Zukunftskonferenz	X		

Veranstaltungsformate

4

4.1 Barcamp/Themencamp (V1)

1. **Charakter:** Offene Veranstaltungsform ohne festgelegte Agenda, bei der die Teilnehmenden die Inhalte der Sessions erst vor Ort beschließen und in Workshops gestalten.
2. **Ziel**
   - Wissens- und Erfahrungsaustausch
   - Gemeinsame Wissensgenerierung
   - Folgeabschätzung
   - Voneinander lernen
   - Diskussion
   - Networking
3. **Anwendung**
   - Wissenschaftliche Zusammenkünfte
   - Weiterbildung
   - Begleitveranstaltung zu Technologie-Messen
4. **Teilnehmerzahl:** min. 40 TN bei 1–2 Moderatoren/Moderatorinnen
5. **Dauer:** 30 min pro Session, insgesamt 1–2 Tage
6. **Methode**
   Das **Barcamp** ist eine offene, weniger formelle Spezialisierung des *Open Space Kongresses*. Beide sind thematisch in der Internet-Szene verankert. Die den Barcamps organisatorisch gleichen **Themencamps** setzen schon namentlich andere inhaltlichen Schwerpunkte (z. B. „Educamp" mit pädagogischer Ausrichtung, „WimaCamp" für Wissenschaftsmarketing).

   Barcamps und Themencamps werden auch als Unkonferenzen bezeichnet, da ihr Ablauf und ihre Inhalte sich erst zu Beginn der Veranstaltungen verfestigen

© Springer Fachmedien Wiesbaden GmbH, ein Teil von Springer Nature 2018
T. Knoll, *Veranstaltungsformate im Vergleich*, essentials,
https://doi.org/10.1007/978-3-658-22018-1_4

und zu einem Sessionplan generieren lassen. Denn erst zu diesem Zeitpunkt konkretisieren die Teilnehmenden inhaltlich den von ihnen zu leistenden Veranstaltungsbeitrag, um den sie durch die Einladung zum Camp gebeten wurden. Es ist aber durchaus auch üblich, bereits auf den online-Anmeldeformaten (Blogs, Websites) zu vermerken, welche Interessen und Wünsche bestehen, in welche Richtung das Camp inhaltlich tendieren sollte, ohne dabei die Freiheit der Unorganisation einzuschränken.

Die Moderation im Rahmen der Camps dient lediglich dem Warm up, häufig durch eine Vorstellungsrunde, z. B. in Form von Selbstcharakteristika durch drei Hashtags, sowie einem allgemeinen Überblick über einen Barcamp-ablauf. Nach dieser anfänglichen kurzen Vorstellungsrunde der Teilnehmenden werden die von ihnen angebotenen Sessions auf Karteikarten vermerkt und durch Abstimmung der Teilnehmenden gewichtet, wenn die Zeitfenster nicht für alle Angebote ausreichen. Die am stärksten nachgefragten bilden dann am auf Stellwänden oder per Beamertechnik präsentierten Sessionplan einen Grid mit zeitlich parallelen Angeboten, einem Schulstundenplan vergleichbar. Im Gegensatz zum Schulunterricht darf aber jeder Teilnehmende hier selbst per „Gesetz der Füße" entscheiden, wie lange er an der Session teilnimmt. Eine Session beginnt mit einem Vortrag oder einer Fragestellung, an die sich eine Diskussion zum gemeinsamen Wissens- und Erfahrungsaustausch anschließt. Handfeste Ergebnisse und entworfene Visionen werden bei Barcamps online dokumentiert, bei Themencamps je nach angestrebter Verwertbarkeit.

4.2 Elevator Pitch (V2)

1. **Charakter:** Kurzpräsentationsform als Selbstdarstellungstechnik im Rahmen von Auswahlverfahren
2. **Ziele**
   - Überzeugend und kurzweilig präsentieren
   - Interesse von Investoren wecken
   - Aufmerksamkeit für Idee oder These erzeugen
   - Verbesserungsvorschläge sammeln
   - Marktüberblick
   - Verkauf einer Geschäftsidee
   - ggf. aussichtsreiche Kapitalanlage finden
3. **Anwendung**
   - Projektvorstellungen
   - Geschäftsideen-Wettbewerbe

- Investorenevents
- Auswahlverfahren (Personal, Agenturen, Angebote)
- Organisatorische Entscheidungsfindungen
- Public Relation
- Kunden- und Unterstützerwerbung

4. **Teilnehmerzahl:** Dutzende vortragende TN plus Jury bzw. Investoren und Publikum
5. **Dauer:** mehrere Stunden
6. **Methode**

Elevator Pitches dienen der schnellen, prägnanten und zielführenden Vermittlung von Inhalten. Entwickelt aus dem Kerngedanken, innerhalb eines Aufzugsaufenthalts eine entscheidende Person von der eigenen Idee und deren Wert zu überzeugen, stehen dem Vortragenden 30 s bis zu zwei Minuten für seine Präsentation zur Verfügung. Dieses knappe Zeitlimit verhilft zur punktgenauen Konzentration auf das Wesentliche: die möglichen Investoren/ Geschäftspartner und die Idee, ihr Potenzial zur Problemlösung, ihre Einzigartigkeit.

Bedingt durch die knappe Zeitvorgabe wird bei der Präsentation auf Keynotes und auch technische Hilfsmittel wie Power-Point verzichtet.
Plattformen für Elevator Pitches sind Auswahlverfahren zwischen miteinander konkurrierenden Produkten oder Personen. Die Konkurrenz wird offen als Wettbewerb ausgetragen oder als Überblicksveranstaltung mit individuellen Regeln. Nur eines steht fest: die sehr knappe zeitliche Befristung der Einzelpräsentation auf eine Fahrstuhlfahrtlänge.

Bei den Auswahlverfahren entscheidet die am überzeugendsten vorgetragene Idee. An Unterstützung Interessierte erhalten von den Vorstellenden sogenannte Pitch Decks, Kurzfassungen der Ideen oder Businesspläne, die es dann in nachfolgend gesondert zu vereinbarenden Gesprächen zu erläutern gilt.

4.3   FameLab (V3)

1. **Charakter:** Kurzvortragswettstreit zu wissenschaftlichen Inhalten
2. **Ziele**
   - Talentsuche und -förderung im Bereich Natur- und Ingenieurwissenschaften sowie Medizin
   - Förderung der Wissenschaftskommunikation
   - unterhaltsame Wissensvermittlung
   - Begeisterung für Wissenschaft wecken
   - Vernetzung

3. **Anwendung**
   - nationale und internationale Wettbewerbe des British Council und Cheltenham
   - Science Festivals
   - Wissenschaftsplattformen
4. **Teilnehmerzahl:** min. 8 TN, eine Jury und großes Publikum
5. **Dauer:** 4 h
6. **Methode**

Die Veranstaltung „FameLab" ist ein geschützter Begriff des British Council; die Namensnutzung bedarf dessen vorheriger Zustimmung. In dem international durch über 200 Organisationen ausgetragenen Wissenschaftskommunikationswettbewerb geht es um den Vortrag komplexer wissenschaftlicher Inhalte in anschaulicher und unterhaltsamer Weise. Junge Forschende, die wortgewandt mit ihrer Forschung fesseln und begeistern möchten, haben so die Möglichkeit, sich in ihrer Vortragstechnik zu schulen und zu messen, sich in der Wissenschaftskommunikation zu vernetzen und sich einen Namen zu machen.

Jedem (Nachwuchs-) Wissenschaftler und jeder (Nachwuchs-) Wissenschaftlerin stehen im Wettbewerb für seinen Vortrag drei Minuten zur Verfügung, in denen er oder sie zur Veranschaulichung der eigenen Thesen alle Alltagsgegenstände nutzen darf, die eigenständig mit auf die Bühne gebracht werden können. Kein Laptop, kein Beamer, keine Präsentationsfolien. Der Vortrag findet vor einem wissenschaftsbegeisterten Publikum statt, die Bewertung übernimmt eine Fachjury aus Wissenschaft und Medien. Kriterien dabei sind das Thema, der Inhalt, die Präsentation in Verständlichkeit und Unterhaltungswert, die Publikumsresonanz – die goldenen Regeln der 3 Cs: Content/Clearness/Charisma.

Bei einer regionalen und nationalen Qualifizierung besteht die Chance, als Entsandter aus einem der 30 teilnehmenden Länder am jährlichen FameLab-Finale in Cheltenham (Großbritannien) teilzunehmen.

4.4 Fishbowl Diskussion (V4)

1. **Charakter:** Form der Podiumsdiskussion mit integrierter Partizipation durch Rollentausch
2. **Ziel**
   - Differenzierung von Sichtweisen
   - Kontroverse Diskussion
   - Meinungsbildungsprozess
   - Lösung von Streitfragen
   - Förderung unternehmensinterner Kommunikation

3. **Anwendung**
   - Unternehmen und Organisationen
   - Bürger- und Gemeindeforen
   - Begleitende Aufwertung von Frontalveranstaltungen
   - Organisationsinterne Veranstaltungen zur Teambildung und Kommunikationsförderung
   - Eignungsdiagnostische Auswahlverfahren
4. **Teilnehmerzahl:** bis zu 50 TN, 1 Moderator/Moderatorin
5. **Dauer:** ca. 1 Std.
6. **Methode**

Die Fishbowl Diskussion leitet ihren Namen von einem Goldfischglas ab, das sich bei diesem Veranstaltungsformat als innerer Stuhlkreis widerspiegelt. Dieser ist besetzt mit 4–6 aktiven Teilnehmenden, Experten oder Expertinnen, die stellvertretend für die ganze Gruppe die vorab genau festgelegte und eingegrenzte Fragestellung diskutieren. In dieser Runde sitzt auch der oder die mit der Moderation beauftragte zur Gesprächsführung. Nur hier darf diskutiert werden!

Der Innenkreis ist aber nur Teil der gesamten Diskussionsgruppe, denn in den Außenkreisen sitzen oder stehen zudem die restlichen Teilnehmenden als Zuhörerschaft. Um ihre Beiträge und Kommentare entgegennehmen zu können, gibt es verschiedene Varianten des Formats:

- der Innenkreis aus Experten/Expertinnen und geladenen Referenten/ Referentinnen kann Diskussionspausen einlegen, in denen die Teilnehmenden aus dem Außenkreis um ihre Kommentare gebeten werden, danach wird die Diskussion im Fishbowl weitergeführt.

- Oder es gibt im Fishbowl einen leeren Stuhl, auf den sich ein Teilnehmer oder eine Teilnehmerin aus dem Außenkreis begeben kann, um sich aktiv mit einem kurzen Beitrag in die Diskussion der Experten und Expertinnen einzubringen. Möchte ein weiterer Teilnehmender aus der Zuhörerschaft seine Perspektive darlegen, so tippt er seinem Vorgänger oder seiner Vorgängerin auf die Schulter, lässt sie oder ihn noch ein letztes Statement abgeben und löst dann ab. Der Teilnehmende kann den inneren Kreis aber natürlich auch freiwillig wieder verlassen.

- Eine weitere Möglichkeit ist die Besetzung des Innenkreises mit nur dem Moderator oder der Moderatorin als festem Mitglied. Alle anderen Plätze obliegen dem vorab vorgestellten Wechsel durch Schultertippen. Diese Form der Fishbowl Diskussion steigert den Partizipationsgrad. Es ist aber darauf zu achten, dass bei sehr gegensätzlichen Positionen, die Stühle so reserviert sind, dass es nicht möglich ist, dass im Kreis letztendlich nur noch eine Meinung vertreten wird.

Die Fishbowl Diskussion strukturiert Großgruppengespräche, bei denen eine aktive Beteiligung nach Rednerliste den Prozess verlangsamen und zu viel Raum für Selbstdarstellung statt Impulsen aus dem Plenum geben würde. Sie ist auch geeignet als Begleitveranstaltung großer Podiumsdiskussionen, um kontroverse Unterpunkte konstruktiv zu diskutieren. Ergebnisse aus diesen Runden werden dann abschließend dem Plenum der Podiumsdiskussion präsentiert.

Die Teilnehmenden der Fishbowl Diskussion sind sowohl sich im Außenkreis durch Zuhören einen thematischen Überblick Verschaffende als auch potenziell aktive Mitwirker und Mitwirkerinnen, die sich in die Diskussion einbringen können. Der Perspektivwechsel belebt die Diskussion, verhindert aber ein Ausufern der Thematik.

4.5   Hackathon (V5)

1. **Charakter:** 24-stündiges kollaboratives Kreativevent der Soft- und Hardware-Szene mit abschließend preisgekrönten Ergebnissen
2. **Ziel**
   - Innovation
   - Begegnungsraum von spezifischem Fachwissen und Programmierkenntnissen
   - Networking
   - schnelle und effektive Umsetzung von Ideen in Prototypen und Produkte
   - Weiterentwicklung von Rohdaten
   - Konkrete Problemlösung
3. **Anwendung**
   - Unternehmen
   - Universitäten
4. **Teilnehmerzahl:** ca. 200 TN in Kleingruppen von 3–4 Personen, Moderator/Moderatorin, Jury, Sponsoren
5. **Dauer:** genau 24 h
6. **Methode**
   Der **Hackathon,** Wortschöpfung aus „to hack" und „Marathon", ist eine interaktive und sehr intensive Soft- und Hardware-Entwicklungsveranstaltung. Hackathons können durch Unternehmen initiiert werden, um das Fachwissen ihrer Mitarbeiter und Mitarbeiterinnen mit dem Kreativpotenzial von

Programmierenden zu paaren, als reine Veranstaltung von Programmierenden mit zur Verfügung gestellten Rohdaten oder Aufgabenstellungen aus der Industrie stattfinden oder in dritter Variante den Schwerpunkt auf den inhaltlichen Input der ohne zu programmieren Teilnehmenden legen. Ausgangspunkt der Veranstaltung sind jeweils vorgegebene Problemstellungen oder eigens entwickelte Aufgaben aus dem Themenbereich des Veranstaltungsformats. Die sich bildenden Kleingruppen-Teams können dann entscheiden, mit welchen Aufgaben sie sich die Nacht hindurch befassen möchten und wie sie sie angehen.

Der 24-stündige Entwicklungsprozess wird unterstützt durch die Bereitstellung von Brainstorming-Equipments (Papier, Stifte, Stellwände, Werkzeuge und Materialien zum spielerischen Erproben), eine den Programmierprozess unterstützende technische Ausstattung, flexible Arbeitsplätze und nicht zuletzt ein ausreichendes Catering und anpassungsfähige Ruheräume mit Sitzsäcken, Kissen und Liegen, um den Teilnehmenden bei Bedarf zu ermöglichen, kurze Schlafpausen einzulegen. Die Ergebnisse müssen mit der Deadline dieser einen Nacht anhand der Problemstellung entwickelt und ggf. programmiert oder als Prototyp vorstellungsreif gestaltet werden: Von einem leeren Blatt zur praktisch anwendbaren Problemlösung in 24 h. Die Verdichtung dieses Entwicklungsprozesses in Raum und Zeit ist die Basis des kreativen Schaffens auf Hackathons. Der begrenzte Zeitfaktor führt zudem zu einer Intensivierung des Teamgeistes und des gleichberechtigten Schaffensprozesses.

Am Ende der Veranstaltung entscheidet eine Jury im Wettbewerb anhand der in Präsentationen vorgestellten Lösungen über die Preisträger.

4.6 Kongress (V6)

1. **Charakter:** Regelmäßig stattfindende, monothematische Zusammenkunft mit starkem Repräsentationscharakter.
2. **Ziele**
   - Repräsentation
   - Networking (Kontakte knüpfen und pflegen)
   - Lobbyarbeit
   - politisches Entscheidungsinstrument (Gipfeltreffen)
   - begleitende Firmen- und Produktpräsentation
   - Kundenwerbung
   - Austausch
   - Wissensvermittlung

3. **Anwendung**
   - wissenschaftliche Zusammenkünfte
   - Jahrestagungen
   - Politik und Wirtschaft
   - Zusatzangebot z. B. bei Messen
4. **Teilnehmerzahl:** mehrere 100 bis mehrere 1000 TN, Moderatoren/Moderatorinnen
5. **Dauer:** mehrtägig
6. **Methode**

Ein Kongress findet immer in repräsentativen Örtlichkeiten statt: in renommierten Hotels, Kongresszentren, Universitäten. Zur Teilnahme wird geladen, sodass Gäste als Zielgruppe ebenso wie die angeforderten Referenten und Referentinnen über ihre Teilnahme auch ihren „Marktwert" definieren. Häufig ist er international ausgerichtet.

Der Kongress erfordert größen- und renommeebedingt eine umfangreiche Raum-, Zeit- und Personalplanung. Während eine Tagung als Kleinausgabe des Kongresses noch intern vorbereitet werden kann, werden Kongresse als Großveranstaltungen durch spezialisierte Fachkräfte organisiert. Kongress-Apps erleichtern auf den Veranstaltungen den stets aktuellen räumlichen/inhaltlichen Überblick und das Networking.

Der Ablauf des Kongresses beinhaltet an erster Stelle das obligatorische, auf die Zielgruppe zugeschnittene wissenschaftliche oder politische Programm, bei dem darauf geachtet werden sollte, dass Inhalt und Innovation nicht der repräsentativen Etikette geopfert werden. Nur das ausgewogene Zusammenspiel führt hier zum Erfolg. Die Kongresstage werden jeweils inhaltlich durch einstimmende Keynotes begonnen, denen zeitlich parallele Sessions mit Vorträgen, Debatten, Präsentationen oder Workshops folgen, um sich darin über anstehende Fragestellungen des Fachgebiets auszutauschen. Daneben findet ein soziales Rahmenprogramm statt, das sowohl zu Beginn des Kongresses als auch als allabendlicher Ausklang und als „Damenprogramm" Gelegenheit gibt zum inoffiziellen Austausch, zu Ausflügen, Diners, kulturellen Aktivitäten.

4.7   Meet & Match (V7)

1. **Charakter:** Netzwerkveranstaltung mit vorgeschaltetem Auswahlfilter
2. **Ziele**
   - Ideenaustausch
   - Impulssuche
   - Finden von Innovationspartnern
   - regionale Information zu Arbeitgebern und Arbeitgeberinnen

- Anwerben von Fachkräften
- Aufbau von Geschäftsbeziehungen
- Marktsondierung

3. **Anwendung**
- Start up-Börsen
- Messen
- Kongresse
- weitere Fachforen zu z. B. IT, Medizin, Energiewirtschaft, Lerntechnologien
- Forschung
- Stellenmarkt (Job-Matching)

4. **Teilnehmerzahl:** bis zu 1000 TN, Moderatoren/Moderatorinnen
5. **Dauer:** 4–6 h
6. **Methode**

Meet & Match ist eine Plattform, die über eine qualitative Vorauswahl Interessenten passgenau zusammenbringt. Diese selektiv ermittelten Gesprächspaarungen ermöglichen eine weitaus größere Teilnehmerzahl als das Speed Networking.

Die Vorauswahl kann in verschiedenen Formen erfolgen:
- über die Auswertung der im Vorfeld der Veranstaltung stattfindenden offiziellen Bewerbung von z. B. Uniabsolventen und -absolventinnen,
- über eine handverlesene Auswahl aus einem Pool von Interessenten durch die anwesenden Manager und Managerinnen,
- über elektronisch datenverarbeitende Fragebögen aller Teilnehmenden zu Beginn der Veranstaltung,
- über die Vergabe von 3-minütigen Pitches an z. B. Start ups, innerhalb derer sie sich und ihre Ideen präsentieren. Im Anschluss stellen die Teilnehmenden sich gemeinsam der Diskussion mit potenziellen Investoren. Deren Auswertung ergibt für die Organisatoren dann die zu arrangierenden Einzelkontakte.

Die aufgenommenen Daten (Branche, Spezifizierungen des gewünschten Kontakts) bilden die Basis der Paarbildung. Die Organisatoren wählen die Bedarfsduos aus, arrangieren und vermeiden auch ungewollte Treffen unter Konkurrenten (No-Meet-Garantien). Auf sogenannten Ablaufplänen erhalten die Teilnehmenden dann ihre Kontakte, Zeit und Ort der anvisierten Treffen. Die Treffen finden an gekennzeichneten Einzeltischen statt. Für einen Gesprächskontakt, den Abgleich der Informationen zu einer möglichen Zusammenarbeit, sind 10–15 min veranschlagt, deren Ablauf durch einen Gong oder Buzzer signalisiert wird. Bei hohen Teilnehmerzahlen von mehreren hundert Anwesenden berechnet man zwischen den Gesprächen für den Tischwechsel fünf weitere Minuten. Der Abschluss der Veranstaltung markiert den Beginn einer Intensivierung der erfolgsversprechenden Kontakte in anschließender Abendveranstaltung oder auf individueller Ebene.

4.8   Open Space Konferenz (V8)

1. **Charakter:** Offenes und kreatives Großgruppenformat mit hoher Selbstorganisation, Freiwilligkeit und Identifikationsmöglichkeit bei niedriger Kontrolle
2. **Ziel**
   - Einleitung und Strukturierung von Vorhaben
   - Engagement der Teilnehmenden maximieren
   - effiziente und kreative Problemlösung
   - Bearbeitung komplexer Fragestellungen
   - Generierung von neuen Ideen und Wissen
   - vielschichtiger, teilnehmerrelevanter Erfahrungsaustausch
   - Vertiefung sozialer und beruflicher Kompetenzen
   - effektives Nutzen der Schwarmintelligenz
   - Steigerung der Identifikation und Wertschätzung
3. **Anwendung**
   - Organisationsentwicklung im Profit und Nonprofit-Bereich
   - Ausbau der Unternehmenskultur
   - Politik und Verbände
   - Stadt- und Gemeindeentwicklung
4. **Teilnehmerzahl:** 25–2000 TN, 1 Moderator/Moderatorin
5. **Dauer:** pro Session 60–90 min, insgesamt wenige Stunden bis 2,5 Tage
6. **Methode**

Die Open-Space-Konferenz definiert schon namentlich ihren angestrebten Freiraum. Diesen bietet die fehlende Agenda, die allen Teilnehmenden erlaubt, zu Beginn der Veranstaltung im Plenum unter dem vorgegebenen Leitgedanken der Veranstaltung Anliegen vorzuschlagen, die sie behandelt wissen möchten. Open Space Konferenzen als Veranstaltungen ermöglichen es durch ihr offenes interaktives Format, ohne Vortragscharakter gemeinsam für eine zentrale Problemstellung in kürzester Zeit vielfältige Gegenmaßnahmen und Lösungsansätze zu finden.

Die Fragestellungen werden zu Beginn der Veranstaltung von den jeweiligen Initiatoren kurz vorgestellt, dann auf Karteikarten notiert und gut sichtbar an einer Anliegenwand ausgehängt. Aus der Diskussion von Zeit und Raum der einzelnen Arbeitsgruppen ergibt sich letztendlich eine selbstentworfene und -organisierte Open Space Agenda, in der viele Unterthemen parallel in den etwa einstündigen Zeitslots behandelt werden können. Die Sessions der Open-Space-Konferenz sind länger als die der *Barcamps* und *Themencamps*, da es keine vorbereiteten, einleitenden Vorträge gibt und sie deshalb die im Fokus stehende Schwierigkeit erst erarbeiten müssen.

Der Themenpate oder die Themenpatin übernimmt in den einzelnen Open-Space-Runden zu dem jeweiligen Interessensgebiet dann auch häufig die Moderation. Die Teilnehmenden sind nicht verpflichtet, bei einer Gruppe zu bleiben. Während einige dieses vorziehen, schließen sich andere immer wieder neuen Gruppen an, entwickeln dort neue Ideen oder leiten in der Vorgruppe Erfahrenes synergetisch weiter. Weitere Teilnehmende bevorzugen den informellen Austausch in den Pausen und geben dort übergreifend neue Denkanstöße. Grundsatz der Diskussionen in den Arbeitsgruppen ist, dass es in ihnen keine feste Struktur gibt, kein richtig und falsch, dass jeder in jeder Gruppe willkommen ist und dass man sich auf den Prozess ein- und sich von den Ergebnissen überraschen lassen soll. Damit an ihnen auch postum jeder teilhaben kann, wird durch die Teilnehmenden Protokoll geführt.

An die Open Space Runden schließt bei Bedarf oder auf Wunsch die Auswertung an, in der die Erkenntnisse der einzelnen Arbeitsgruppen als Feedback verschriftlicht an der Ergebniswand ausgestellt werden. Hier können die Teilnehmenden sie priorisieren und aus den Wertungen dann – resümierend – Handlungsoptionen für den Veranstalter entwickelt werden.

4.9   Pecha Kucha (V9)

1. **Charakter:** Vortrags- und Bildpräsentationstechnik, die auf der Formel „20 Bilder à 20 Sekunden" basiert.
2. **Ziele**
   – anschaulich präsentieren
   – Information
   – Inspiration und Motivation
   – Diskussion
   – Unterhaltung
3. **Anwendung**
   – Produkt- und Ideenpräsentationen
   – interdisziplinärer Austausch
   – Repräsentationsplattform

- Vortragswettbewerb
- Casting

4. **Teilnehmerzahl:** 8–14 Vortragende, (Publikums-)Jury, Publikum
5. **Dauer:** ca. 3 h (6 min 40 s × Anzahl der TN plus Diskussion)
6. **Methode**

Pecha Kucha-Nächte, 2003 in Tokio erstmals erprobt, finden inzwischen als multithematisches Event, *Science Slams* vergleichbar, in vielen Städten Deutschlands autonom oder im Rahmen einer Großveranstaltung statt.

Pecha Kucha ist eine Vortragstechnik. Eine Komponente sind die exakt 20 text- und graphenfreien Bilder in guter Auflösung, die andere der die Bildvorführung begleitende Vortrag im dramaturgischen Storytelling-Format. Zusammen bilden beide Komponenten im besten Falle einen mitreißenden Spannungsbogen. Während des Pecha Kucha läuft für den Vortragenden eine Zeiteinblendung, die ihm den sich nähernden Bildwechsel ankündigt. Jedes der Bilder wird genau 20 s eingeblendet und wechselt automatisch, ohne Auslöser des Vortragenden, zum nächsten. Hieraus ergibt sich die Gesamtdauer einer solchen Präsentation von 6 min und 40 s. Der mündliche Vortrag muss bei Pecha Kucha kompositorisch somit exakt auf die durch den Vortragenden festgelegte Reihenfolge der Bilder abgestimmt sein. Eine zeitliche Varianz ist nicht möglich, was die Herausforderung und ggf. auch den Unterhaltungswert im Wettbewerb ausmacht.

Pecha Kucha fordert die Vortragenden dazu heraus, sich auf das Wesentliche zu konzentrieren, Visionen in Wort und Bild aussagekräftig, ansprechend und in exakter Taktung zu formulieren. Als Veranstaltungsformat unterstützt es damit die kompakte Informationsvermittlung.

4.10 Podiumsdiskussion (V10)

1. **Charakter:** Zumeist monothematische Zusammenkunft, bei der von Experten und Expertinnen vor Publikum zu einem vorab festgelegten Thema moderiert diskutiert wird
2. **Ziele**
   - Information
   - Meinungsbildung
   - Interessensvertretung
   - Konfliktbehebung
3. **Anwendung**
   - Informationsveranstaltungen
   - Wahlkampf
   - Infotainment/Fernsehtalkshow

4. **Teilnehmerzahl:** max. 8 TN (Experten), 1–2 Moderatoren/Moderatorinnen, großes Publikum
5. **Dauer:** 45–90 min
6. **Methode**

Die Experten und Expertinnen und die mit der Moderation der Veranstaltung Beauftragten sitzen dem Publikum zugewandt auf dem Podium im offenen Halbkreis oder in Reihe. Den Moderierenden kommt die wichtige Aufgabe zu, sowohl Mittler zwischen den Experten und Expertinnen als auch Mittler zwischen diesen und dem Publikum zu sein. Sie begrüßen die Zuhörer, erklären den Ausgangspunkt oder Anlass der Podiumsdiskussion, stellen die Experten und Expertinnen vor oder fordern sie auf, sich kurz vorzustellen. Sie müssen die Diskussion sowohl inhaltlich als auch zeitlich steuern und ein Gespür dafür haben, wann ein Konflikt konstruktiv und wann er destruktiv ist. Im zweiten Teil der Veranstaltung gibt es durch das Publikum zumeist die Möglichkeit, den Experten und Expertinnen Fragen zu stellen oder Anregungen zu geben. Dieses kann twitternd oder über Apps auch bereits zeitgleich zur Diskussion erfolgen. Am Ende der Veranstaltung ist es Aufgabe der Moderierenden, die Ergebnisse kurz zusammenzufassen. Eine Herausforderung für die Moderierenden sind Experten, die sich am Thema vorbei selbst darstellen und profilieren wollen und Zuhörer und Zuhörerinnen, die sich auf das Podium wünschen und ihre Nachfragemöglichkeit deshalb nutzen, um sich ausufernd als eigentliche Experten und Expertinnen zu empfehlen.

Die Effizienz einer Podiumsdiskussion hängt insbesondere ab von der Auswahl der Experten und Expertinnen, die ihre Meinungen auf der Bühne vertreten und ins Gespräch kommen sollen. Ist das Ziel Information, so ist es zweckmäßig, das Podium inhaltlich nicht zu kontrovers zu besetzen. Im Miteinander einer konstruktiven Debatte lässt sich Erkenntnis gewinnen. Ist das Aufzeigen konkurrierender Statements hingegen der Zweck der Veranstaltung, so bedarf es Personen, die ihre Ansichten im gegenseitigen Austausch klar formulieren können, deren Aussagen aber nicht völlig vorhersehbar sind.

4.11   Round Table Session (V11)

1. **Charakter:** Interaktive und multithematische Veranstaltung, in der hierarchiefrei und zwanglos in wechselnden Kleingruppen diskutiert wird
2. **Ziel**
   - Ideen- und Erfahrungsaustausch
   - Problemlösung
   - Vernetzung und themenorientierte Gruppenbildung
   - Fördern von Gemeinschaftsgefühl

  - Crowdsourcing
  - Stimmungsbarometer
  - Wissensgenerierung
  - Vorbereitung von Entscheidungen
  - Beteiligungsmotivation
  - Partizipation
3. **Anwendung**
  - Bürger- oder Gemeindeforen
  - Politik und Verbände
  - Verwaltung und Dienstleistung
  - Wissenschaft und Forschung
  - Begleitende Aufwertung von Frontalveranstaltungen
  - Organisationsinterne Veranstaltungen zur Teambildung und Kommunikations-
    förderung
  - Eignungsdiagnostische Auswahlverfahren
4. **Teilnehmerzahl:** ab 12 (2 Tische) – mehrere 100 TN, 1 Moderator/Moderatorin
   pro Tisch, ggf. 1 Protokollführung pro Tisch
5. **Dauer:** je nach Anzahl der Sessions: 1,5–4 h
6. **Methode**

Die Round-Table-Sessions haben eine lange Geschichte, als Ursprung werden
König Artus Tafelrunden benannt. Der runde Tisch impliziert ein friedliches,
hierarchiefreies Verhandeln und Diskutieren. Das traditionsreiche Veranstaltungsformat wurde methodisch ausgearbeitet, als zentrales und wichtiges
Element aber bleibt am runden Tisch das zukunftsweisende Gespräch auf
Augenhöhe. Die runden Tische oder auch Stuhlkreise sollten für die Veranstaltung in einem Abstand von 2,5 m platziert werden, damit ein bequemer
Wechsel der Teilnehmenden zwischen den verschiedenen Diskussionsrunden
ohne Aufwand möglich ist. Da sich die Nachfrage zumeist unterschiedlich
auf die Sessions verteilt rechnet man mit zehn Stühlen pro Tisch plus fünf für
Nachrückende.

Round-Table-Sessions nutzen das Wissen aller Teilnehmenden. Sie führen
es in kommunikativer und kreativer Atmosphäre moderiert zusammen, wer-
ten aus, ziehen Schlüsse. Jeder ist ein Experte oder eine Expertin und nur das
Wissen aller steigert den Erkenntnisgewinn. Jeder Teilnehmende kann sich am
Gespräch beteiligen, muss aber nicht. Und er oder sie kann die Runde wechseln, wenn ein anderes Thema mehr interessiert. So finden sich Gruppen, vernetzen sich Kommunikationspartner und -partnerinnen mit gleichen Zielen und
Interessen. Bei Round-Table-Sessions im Rahmen einer Großveranstaltung
wird ein rechtzeitiger Call for Papers für aktuelle Themenvorschläge sorgen,

bei kleineren Events kann der Veranstalter relevante Themen vorgeben. Der Rahmen steht damit, die einzelnen Diskussionen und ihre Inhalte sind aber voneinander autonom. Die Anzahl der Einzelthemen hängt von der Anzahl der Teilnehmenden ab: jede Tischrunde hat ihr fixes Sujet, das sich je nach Anzahl der geplanten Round Table Sessions wiederholt.

Welches Thema in welcher Runde diskutiert wird, ist vorab festgelegt. Bei Großveranstaltungen ab zwölf Tischen empfiehlt sich ein im Vorfeld verschickter Raumplan, damit sich die Teilnehmenden orientieren können. In kleinerem Rahmen gibt es neben der gut sichtbaren Beschilderung der Tische auch die Möglichkeit, dass die jeweiligen Moderatoren/Moderatorinnen für alle zu Beginn der Veranstaltung der Reihe nach ihre Themen in 60 s umreißen und damit versuchen, die Teilnehmenden für die von ihnen moderierten Tischrunden zu begeistern. Die verbreitetere Alternative ist aber ein 5–10-minütiger Impulsvortrag der Moderierenden zu Beginn jeder Session an ihrem jeweiligen Tisch. 6–15 Personen nehmen pro Tisch an der 30 bis max. 60 min dauernden Round Table Session teil. In ihr ist darauf zu achten, dass Rednerlisten geführt werden, lange Monologe ebenso wie ausufernde Dialoge vermieden werden. Eine Vorstellungsrunde ist nicht üblich. Es ist aber wünschenswert, dass die Teilnehmenden vor dem ersten Wortbeitrag ihren Namen und ihre Funktion mitteilen. Die Session endet nach der vereinbarten Zeit. Die Teilnehmenden wechseln in neue Konstellationen und Themen.

Das kommunikative Veranstaltungsformat bietet durch die einander zugewandte, überschaubare Teilnehmerrunde direkte und intensive Kontakte, animiert jeden, interaktiv mitzugestalten, zwingt aber auch nicht dazu. Im Vordergrund steht die kollektive Wissensgenerierung auf der Grundlage der Schwarmintelligenz. Die Ergebnissicherung kann über abzugebende schriftliche Kurzkommentare der Teilnehmenden nach den einzelnen Sessions erfolgen oder über ein Protokoll, das die Aspekte der Diskussionen zusammenfasst und am Ende der Veranstaltung den Teilnehmenden ergebnisorientiert vorgestellt wird.

4.12 Seminar/Webinar (V12)

1. **Charakter:** Kleingruppen-Lernveranstaltung mit fester Struktur und interaktiven Elementen
2. **Ziel**
   - Wissenserwerb, -vertiefung und -vermittlung
   - berufliche Qualifikation
   - Persönlichkeitsentwicklung

– Mitarbeitermotivation
3. **Anwendung**
   – (betriebliche) Lehr- und Weiterbildungsveranstaltungen
   – Coaching
   – E-Learning
4. **Teilnehmerzahl:** 5–20 TN (Webinar: individuell), ggf. Experten, 1 Leiter/ Leiterin oder Moderator/Moderatorin
5. **Dauer:** 3 Std. – 3 Tage
6. **Methode**

Das **Seminar** bildet in seiner Abgrenzung Schnittmengen zu den Veranstaltungs-formen Kursus und *Workshop*. Es hat dabei einen stärkeren Werkstatt-charakter als der insbesondere auf pädagogischer Didaktik aufbauende Kursus, beinhaltet aber wiederum einen höheren Anteil an theoretischen Elementen als der vor allem Fähigkeiten generierende *Workshop*. Das Seminar bildet durch seine interaktiven Elemente (Diskussionen, Referate, Übungen, Teamarbeit, Rollenspiele) die Möglichkeit zur gleichberechtigten Vermittlung von Wissen ebenso wie Fähigkeiten. Im betrieblichen Kontext eingesetzt dient es häufig über mehrere Tage dem Vertriebstraining, der Rhetorikschulung und dem Qualitätsmanagement.

Der Verlauf eines Seminars ist abhängig von der Zielsetzung und unterliegt der Leitung. Der durch sie vorgenommenen Einführung in das Thema folgen geladene Experten, interaktives Arbeiten in Kleingruppen mit anschließenden Präsentationen und/oder Diskussionen aller Teilnehmenden zum Veranstaltungs-inhalt oder Unterpunkten. Am Ende steht eine konstruktive Zusammenfassung der Ergebnisse.

Das **Webinar** (Seminar im World Wide Web) erweitert die Möglichkeiten des Seminars durch ein online Livestreaming. Der potenzielle Teilnehmer-kreis überwindet damit Landesgrenzen und Zeitzonen. Der Moderator oder die Moderatorin erteilt in der Funktion als Leiter oder Leiterin der Veranstal-tung den online an den Bildschirmen Teilnehmenden Sprechrechte, die auch eine gegenseitige Zusammenarbeit und Diskussion erlauben. Die Interaktion zwischen Anbietern und Teilnehmenden im erweiterten Rahmen des Webinars erreichen so eine neue Dimension, doch eine reale Face-to-Face-Kommunika-tion kann sie noch nicht ersetzen.

4.13   Slam-Event (V13)

1. **Charakter:** 10-Minuten-Kurzvortrag-Wettstreit zu eigenen Projekten, Werken oder Forschungsvorhaben

2. **Ziele**
   - Wissenstransfer
   - allgemein oder spezielles Interesse wecken
   - Motivation zu ansprechender Projektaufbereitung und Präsentation
   - Nachwuchsförderung
   - Unterhaltung
3. **Anwendung**
   - Slam-Nights
   - Sciencetainment
   - Teil-Event als Programmpunkt bei z. B. „Lange Nacht der Wissenschaften"
   - autonomes Rahmenprogramm anderer Veranstaltungen
4. **Teilnehmerzahl:** 10 Vortragende, 1 Moderator/Moderatorin, Publikum (Jury)
5. **Dauer:** Abendveranstaltung
6. **Methode**

Zehn Teilnehmende stellen im Slam-Event in vorab ausgeloster Reihenfolge ihre eigenen Projekte jeweils genau zehn Minuten auf der Bühne vor. Hierfür können sie technische oder auch weitere Hilfsmittel nutzen, um die Vorträge zu veranschaulichen. Das inhaltliche Spektrum der Slam-Events reicht von der Einschränkung auf ein bestimmtes Thema (Themen-Slam) über Poesie (Poetry-Slam), Predigt (Predigt- oder Bibel-Slam) bis – last but not least – zu wissenschaftlichen Forschungsvorhaben (Science-Slam). Die Themen letzterer Vorträge finden sich noch immer überwiegend im naturwissenschaftlichen Bereich, jedoch wäre auch eine geisteswissenschaftliche Ausrichtung möglich.

Die (Publikums)-Jury vergibt direkt nach dem Vortrag mit Bewertungskarten Punkte. Alternativ entscheidet die Stärke des Applauses darüber, welche Darbietung am verständlichsten, ansprechendsten und auch unterhaltsamsten war. Das Publikum kann kommunikationsfördernd im Zuge der Bewertung auch in Kleingruppen eingeteilt werden, die jeweils unter sich das ihnen neue Thema, die Aufbereitung und die zu vergebenden Punkte diskutieren. Der Sieger oder die Siegerin erhält am Ende des Slams nur einen symbolischen Preis. Was zählt, ist Begeisterung und Interesse für das Projekt zu wecken, das Publikum zu fesseln und mitzunehmen. Dieses wird zum einen durch den partizipativen Wettbewerbscharakter untermauert, der das Publikum zu einem genaueren Zuhören motiviert, zum anderen durch die Authentizität und den Enthusiasmus der frei von hierarchischen Einschränkungen und Konventionen Vortragenden. Die ausgeprägte Entertainment-Komponente des Slam-Events darf dabei nicht darüber hinwegtäuschen, dass es ein ernst zu nehmendes Veranstaltungsformat ist, das ganz neue und wachsende Zielgruppen anspricht.

4.14 Speaker's Corner (V14)

1. **Charakter:** Offenes Kurzvortragsformat
2. **Ziele**
   - Informations- und Kommunikationsplattform
   - Forschungs- und Erkenntnispräsentation
   - Mitbestimmung
   - Impulsgebung
   - Austausch und Diskussion
   - Networking
   - Entertainment
   - Werbung
3. **Anwendung**
   - Parallelevent auf Messen, wissenschaftlichen Tagungen, Workshops
   - Bürgerinitiativtreffen
   - schulische und universitäre Plattformen
   - offene Jugendforen
4. **Teilnehmerzahl:** min. 8 TN, 1 Gastgeber/Gastgeberin, Publikum
5. **Dauer:** 3–5 h
6. **Methode**

Die Vorträge im Veranstaltungsformat „Speaker's Corner" haben unterschiedliche inhaltliche Rahmenbedingungen:

- es kann ein Grundthema vorgegeben sein, zu dem Interessierte referieren und das durch Experten und Expertinnen im Publikum anschließend eine konstruktive Diskussion ermöglicht;
- das Forum kann aber auch die Themenwahl vollständig in die Hand der Vortragenden geben, die dann den weitgefassten Auftrag haben, fünf Minuten interessant, informativ, anregend, hilfreich, nachwirkend zu einem selbst gewählten Inhalt zu referieren.
- Um dem Speaker's Corner eine noch geschlossenere Struktur zu geben, ist für die Sprecher und Sprecherinnen auf einigen Veranstaltungen eine vorherige Anmeldung notwendig.

Während Speaker's Corner außerhalb der Veranstaltungsszene als offene, demokratische Redeforen weder inhaltliche Vorgaben noch Redezeitbegrenzungen kennen, umgehen diese veranstaltungstechnischen Eingrenzungen ein Ausufern der Sprechzeit und Themenwahl.

Die Vortragenden treten nicht in Konkurrenz zueinander an. Sie referieren ihre Ideen und Projekte mit Mikrofonunterstützung auf Kleinbühnen, an Rednerpulten oder auch einfach auf Getränkekisten, um sich vom weiteren Publikum abzuheben. Den Vorträgen folgt entweder eine Diskussion, um Gedanken zu evaluieren und weitere Schritte zu planen, und/oder ein geselliges Beisammensein, auf dem die Inhalte in offenen Kleingruppen weiter verfolgt werden können oder ein Netzwerk aus Interessierten gebildet werden kann.

4.15   Speed Networking (Business Speed Dating) (V15)

1. **Charakter:** Filterfreies Netzwerkformat
2. **Ziele**
   - schnell und effizient Erstkontakte herstellen
   - Geschäftspartner und -partnerinnen finden
   - Kurzpräsentation von Projekten/Portfolios
   - Gruppenbildung zur Verwirklichung von Projektideen
3. **Anwendung**
   - organisatorische Netzwerkveranstaltungen
   - Business-to-Business (B2B)
   - Handel und Vertrieb
   - Konferenzen
   - Messen
   - Meet and Greet
   - Camps
   - Verbandstreffen
4. **Teilnehmerzahl:** 10–30 TN, 1 Moderator/Moderatorin
5. **Dauer:** mehrere Stunden
6. **Methode**
Speed Networking bietet die Möglichkeit, in entspannter Atmosphäre und innerhalb kurzer Zeit sehr viele Erstkontakte zu knüpfen. Durch die strenge Zeitlimitierung ist es jedoch insbesondere extrovertierten und stressresistenten Interessenten zu empfehlen, denn sich Zeit zu nehmen, ist nicht möglich.

Speed Networkings finden an einer langen Tischtafel oder an Einzeltischen statt. Jede Gesprächsrunde dauert genau drei Minuten. Um diese kurze Zeit optimal zu nutzen, ist es wichtig, sich auf die eigene Kurzvorstellung – Tätigkeitsprofil und Alleinstellungsmerkmale – gut vorzubereiten. Zum Ende der Runde ertönt durch den Moderator oder die Moderatorin das Signal und die Gesprächspartner rutschen einen Sitz oder Tisch auf, wenden sich dem nächsten Teilnehmenden zu, um ihm oder ihr sich und die eigene Geschäftsidee oder das Unternehmen vorzustellen.

Die Anzahl der Runden richtet sich nach der Anzahl der Teilnehmenden, das heißt, es können bei 30 Teilnehmenden bis zu 29 Gesprächsrunden stattfinden, die der vollen Konzentration bedürfen. Es empfiehlt sich deshalb, sich Notizen zu den einzelnen Kontakten zu machen, um später nicht den Überblick zu verlieren. Der Austausch von Visitenkarten bietet die Basis zur Intensivierung der Beziehung nach Veranstaltungsende.

4.16   Symposium (V16)

1. **Charakter:** Wissenschaftliche Konferenz oder Fachtagung mit inhaltlichem Fokus auf Ziel und praktischer Umsetzung
2. **Ziele**
   - Wissensvernetzung durch Präsentation und Bekanntgabe von Forschungsergebnissen, neuen Ideen oder Dienstleistungen
   - Kooperationsentwicklung
   - Bindeglied zwischen Interessensgruppen
   - Fach- oder gruppeninterne Kommunikation
   - offener Dialog
   - Informationsaustausch
   - Networking
   - Wissensvermittlung
   - Diskussion
   - Beratung
   - Ergebnisfindung
   - Entscheidungsfindung
   - Problemlösung
3. **Anwendung**
   - wissenschaftliche Tagungen
   - organisationsinterne Zusammenkünfte dezentraler Filialisten
4. **Teilnehmerzahl:** 40 – mehrere 100 TN
5. **Dauer:** 1 – mehrere Tage
6. **Methode**
   Symposien finden sowohl organisationsintern als auch über wissenschaftliche und nationale Grenzen hinweg statt. Die Zielgruppe der Teilnehmenden wird durch die gewünschte Förderlichkeit für den Austausch von Informationen bestimmt, der insbesondere auf der Basis von Vorträgen, Postersessions, Präsentationen und Podiumsdiskussionen vonstatten geht.

Durch etwa einstündige Keynotes wird für alle in das Thema und ggf. in einzelne Sessions eingeführt. Die dort stattfindenden Beiträge der Teilnehmenden, vielfach zu wissenschaftlichen Forschungsergebnissen, sollten 30 min auf keinen Fall überschreiten und die Möglichkeit zu nachfolgenden kurzen Diskussionen mit dem Publikum bieten. Ihre Inhalte wurden zeitlich vorgelagert durch die Referentinnen und Referenten als Reaktion auf die Call for Papers der Organisatoren eingereicht, sodass die Namen der Auftretenden damit auch werbend um weitere Teilnehmende genutzt werden und rechtzeitig ein Ablaufplan über alle Sessions erstellt werden konnte.

Die Teilnehmenden haben vor dem Symposium die Möglichkeit, sich über Abstracts einen inhaltlichen Überblick zu verschaffen. Damit bietet dieses wissenschaftliche oder politische Veranstaltungsformat insbesondere die Basis für nachhaltige und konstruktive inhaltliche Auseinandersetzungen.

4.17 Thinkathon (Makeathon) (V17)

1. **Charakter:** Partizipatives Brainstormingformat mit heterogenen Kleingruppen im Wettbewerb
2. **Ziel**
   - Problemlösung
   - Ideengenerierung
   - Unternehmenspotenziale ergründen
   - Zusammenarbeit fördern
   - Netzwerken
3. **Anwendung**
   - Universitäten
   - Unternehmen
   - soziale und regionale Projekte
   - Werbung und Design
4. **Teilnehmerzahl:** ab 20 – mehrere 1000 TN
5. **Dauer:** 6 h
6. **Methode**
   Während ein *Hackathon* sich der Probleme im Bereich Hard- und Software annimmt, ist ein Thinkathon – auch anwendungsorientierter „Makeathon" genannt – ein Ideen- und Problemlösungswettbewerb, der außerhalb der programmierenden Zunft stattfindet. Gemeinsam ist *Hackathon* und Thinkathon zum einen die zeitlich genau umrissene Veranstaltungsdauer, zum anderen die

Intensität der Zusammenkunft, die zu erstaunlichen Erfahrungen und extrem vielfältigen Ergebnissen führen kann.

Der Thinkathon ist ein Format, bei dem sich Personen vor Ort oder in Ausnahmen auch per Stream zusammenfinden, die über ein sechsstündiges Nachdenken verwertbare Ideen entwickeln wollen. Die Teilnehmenden können sich unternehmensintern aus verschiedenen Abteilungen einer Organisation rekrutieren oder projektgebunden aus verschiedenen Gremien, aber auch extern mit Fachleuten gemischt oder je nach Interesse durch andere Personengruppen (z. B. Studierende, Sporttreibende, Ruheständler) ergänzt werden. Wichtig ist die Durchmischung der Gruppen, um neue Ideen zu generieren. Sich beim Ideenfindungsprozess aufeinander einzulassen, neugierig zu sein, sich mit den Erfahrungen und Denkweisen der anderen Teilnehmenden auseinanderzusetzen, die Perspektive zu wechseln und Umwege in Kauf zu nehmen, um das Ziel zu erreichen, sind Grundvoraussetzungen dieser Ideenwerkstätten.

Die übliche Veranstaltungszeit ist ein Tag von 10–16 Uhr. In diesen Zeitraum können kreativ gestaltete Pausen ebenso fallen wie Beratungsgespräche mit den Thinkathon begleitenden Experten und Expertinnen und – last but not least – eine angebotene Mittagspause. Während der gesamten Veranstaltung sollten den Teilnehmenden zudem Getränke, Obst und Snacks zur Verfügung stehen, alles was man essen kann, während man denkt und redet.

Der Thinkathon beginnt für die Teilnehmenden mit einer Einführung in die Vorgehensweise. Ihr folgt eine gruppendynamische Kreativaufgabe zur Aktivierung und zum ersten Kennenlernen untereinander, bei der sich auch schon heterogene Kleingruppen von etwa fünf Personen finden können, die gemeinsam an „Rohideen" arbeiten möchten. Innerhalb dieser Gruppen werden dann Probleme des abgesteckten Arbeitsbereichs gesammelt und durch interne Bewertung (z. B. per „Note & Vote") beschlossen, auf welches der Probleme der besondere Fokus gerichtet werden soll. Während sich bei einem gewöhnlichen Brainstorming als ganze Gruppe darauf konzentriert wird, was sicher, notwendig und nützlich ist, legt der Thinkathon großen Wert auf das Ergründen des Problems hinter dem Problem, die Entwicklung neuer herausfordernder und dabei problemlösungsorientierter Visionen durch Denken, Malen und Schreiben. Und auf das Festhalten möglicher Schritte zur praktischen Umsetzung.

Um den im Wettbewerb stehenden Output der einzelnen Gruppen zu dokumentieren und zu bewerten, sind durch die Organisatoren feste Fragestellungen vorgegeben. Die entworfenen Konzepte werden vor allen Teilnehmenden, den Expertinnen und Experten vorgestellt und die von der Jury als am besten bewertete Idee erhält den ausgelobten Preis. Zur weiteren Dokumentation werden im Abschluss des Thinkathons aus den vorgetragenen Ideen zukunftsweisende Trends formuliert.

4.18   Town Hall Meeting (V18)

1. **Charakter:** Ausspracheforum zwischen Entscheidungsträgern und Publikum
2. **Ziele**
   - Information
   - Ankündigung
   - interne Unternehmenskommunikation
   - Erhöhung der Glaubwürdigkeit
   - Mitarbeiter-/Teilnehmermotivation durch Wir-Gefühl-Aufbau über Standortgrenzen hinweg
3. **Anwendung**
   - (standortübergreifende) Betriebsversammlung
   - Informationsforen
   - Jahresberichterstattung zu wirtschaftlicher Lage und Personalentscheidungen
   - Wahlkampfveranstaltungen
4. **Teilnehmerzahl:** Leitungsgremium, 1 Moderator/Moderatorin, Publikum
5. **Dauer:** 2–3 h
6. **Methode**

Town Hall Meetings sind eine moderne Form der Betriebsversammlung in organisationsinternen Räumlichkeiten, die aber auch außerhalb organisatorischer Strukturen zum Austausch zwischen Entscheidungsträgern und ihrem Publikum genutzt wird – vom Topmanager, der seiner Mitarbeiterschaft Frage und Antwort steht, bis zu Spitzenpolitikern, die sich den kritischen Fragen des Publikums stellen. Durch Videokonferenztechnik lassen sich dabei ort- und zeitzonenübergreifend Informationen vermitteln und im Rundlaufverfahren Diskussionen führen. Je mehr Standorte zugeschaltet werden, desto umfangreicher die genaue, drehbuchhafte Vorausplanung, die die beteiligten Personen und den Ablauf unter Berücksichtigung der Zielsetzung plant und festhält.

Zu Beginn des Meetings steht ein aktueller Lagebericht in dem der Veranstaltung angemessenen Umfang. Der Diskussionsleiter oder die Diskussionsleiterin schafft den Übergang zum Hauptteil der Veranstaltung: einer durch sie oder ihn moderierten, ausführlichen Q&A-Session, bei der die Entscheidungsträger den Mitarbeitern, Mitgliedern oder potenziellen Wählern ihre Nachfragen direkt beantworten und so ein Klima der Offenheit und Organisationsverbundenheit schaffen. Um dieses nicht zu gefährden, sollte bei der Zielfestlegung der Veranstaltung ein ausreichender Raum für Divergenzen bestehen.

Nach Abschluss des Town Hall Meetings wird in einem De-Briefing der Ablauf bewertet und Verbesserungsvorschläge festgehalten.

4.19 Workshop (V19)

1. **Charakter:** Monothematische Veranstaltung mit hohem Praxisanteil und Schwerpunkt auf Fähigkeiten generierender Kleingruppenaktivität
2. **Ziel**
   - Entscheidungsfindung
   - Ideengenerierung
   - Wissenserarbeitung
   - Konzepterstellung
   - Problemlösung
3. **Anwendung**
   - Wissenschaft
   - Unternehmen
   - sozialpolitische Belange
4. **Teilnehmerzahl:** 20–40 TN zumeist in Kleingruppen, 1 Moderator, 1 Moderatorin oder ein Moderatorenteam
5. **Dauer:** 6 Std. – 3 Tage
6. **Methode**

Schon der Begriff Workshop stellt den Werkstattcharakter des Veranstaltungsformats dar – von der Blog- bis zur Zukunftswerkstatt – und impliziert, im Gegensatz zum Seminar, den hohen Praxisanteil dieses Veranstaltungsformats. Grundidee: aktives Erarbeiten von Lösungen ermöglicht einen direkteren Zugang, eine höhere persönliche Relevanz und eine langfristigere Verankerung des Wissens.

Nach der Anmoderation mit der Vorstellung der Teilnehmenden, des Themas, des Ablaufs und der Werkzeuge/Hilfsmittel wird die Problemstellung und anstehende Fragen diskutiert. Damit ist der Weg frei zum gemeinsamen und zielorientierten Werken. In den erfahrungstechnisch heterogenen Kleingruppen der Teilnehmenden werden Erkenntnisse durch angewandtes Wissen gemeinsam erarbeitet: an Fallbeispielen oder auf der Basis einer der etwa 350 bekannten Kreativitätstechniken zur Ideenfindung und Gruppenreflexion. Die Quantität der gefundenen Ideen und geeigneten Lösungsvorschläge ist hierbei zunächst wichtiger als die Qualität. Ein Mitglied des Moderatorenteams steht diesem Prozess unterstützend zur Seite. Abschließend werden die Ergebnisse unter dessen Leitung in der Gesamtrunde diskutiert und ein Fazit gezogen. Die Dokumentation erfolgt zumeist durch ein anderes Mitglied des Teams über die Visualisierung an der Pinnwand, ein abzustimmendes Protokoll und ggf. eine Präsentation für Dritte.

Viele Veranstaltungen geben sich den Titel „Workshop" ohne auf der Grundlage seiner Methodik zu agieren und sein Potenzial auszuschöpfen. Der Workshop ist in planmäßiger Anwendung ein beständiger Grundpfeiler der effizienten, praxisbezogenen und kreativen Veranstaltungsformate.

4.20 Worldcafé/Themencafé (V20)

1. **Charakter:** Interaktive und hierarchiefreie Veranstaltung mit wechselnden Kleingruppen zur ergebnisorientierten Bearbeitung einer zentralen Fragestellung
2. **Ziel**
   - thematische Vertiefung einer Fragestellung
   - Partizipation und Mitarbeit fördern
   - Ideengenerierung
   - Crowdsourcing
   - ergebnisorientierte Problemlösung
   - Netzwerken durch Kleingruppenarbeit
   - Erzielung hochwertiger Ergebnisse in kürzester Zeit
3. **Anwendung**
   - Bürger- oder gemeindliche Beteiligungsforen
   - Politik und Verbände
   - Verwaltung & Dienstleistung
   - Wissenschaft & Forschung
   - Fortbildung
   - begleitende Aufwertung von Frontalveranstaltungen
   - Kundenbefragung
4. **Teilnehmerzahl:** ab 12 (an 2 Tischen) – mehrere 100 TN, davon 1 TN als Gastgeber oder Gastgeberin pro Tisch, 1 Moderator/Moderatorin
5. **Dauer:** 1,5–3 Std.
6. **Methode**
   Das **Worldcafé** gleicht methodisch den *Round Table Sessions*. Sie unterscheiden sich aber insbesondere inhaltlich, denn während bei den *Round Table Sessions* jeweils autonome Diskussionen unter einem großen Hauptthema stattfinden, gibt es beim Worldcafé an jedem Tisch in jeder Runde die gleichen

Fragestellungen, deren Ergebnissen jeweils gezielt und strukturiert ineinander greifen und aufeinander aufbauen. Es wird dabei auf ein verwertbares Gesamtergebnis hingearbeitet, das dezidiert am Ende der Veranstaltung öffentlich gemacht wird. Die Atmosphäre soll – daher die Benennung – kaffeehausgleich zum Gespräch animieren und durch weltoffene Toleranz geprägt sein.

Die Gäste des Worldcafés verteilen sich als Teilnehmende gleichmäßig an die im Abstand von 2,5 m platzierten, mit fünfzehn Sitzgelegenheiten (10 für die Teilnehmenden, 5 für Nachrückende) bestuhlten Tische. Die Worldcafé-Tische sollten immer gut, d. h. mit min. vier Teilnehmenden besetzt sein. An jedem Tisch werden in drei Runden von jeweils 15–30 min zwei Fragestellungen diskutiert. Nach jeder Runde erfolgt ein Wechsel der Teilnehmenden, sodass die Fortführung der Diskussion immer in neuer Konstellation erfolgt. Der am Tisch verbleibende Gastgeber oder die Gastgeberin fasst für die neuen Gäste die Ergebnisse der vorangegangenen Runde kurz zusammen, damit auf ihnen inhaltlich aufgebaut werden kann. Er oder sie moderiert die offenen Gespräche aber nicht, gibt nur ein Signal, wenn die Rundenzeit verstrichen ist.

In der ersten und zweiten Runde wird die gleiche Frage behandelt. Beide Runden dienen der genauen Problemanalyse und -beschreibung. In der dritten Runde wird mit der zweiten Frage handlungsorientiert auf den Aktionsraum der Problemlösung hingearbeitet.

Für die Teilnehmenden stehen Stifte bereit, mit denen sie entweder auf den weißen Tischtüchern der Worldcafés oder auf bereit liegenden Moderationskarten ihre Gedanken, Ideen, Erkenntnisse und Schlussfolgerungen festhalten. Diese Flipchartbögen oder Karten (max. drei pro Tisch, über die vorab dort qualitativ entschieden werden muss) werden dann gut sichtbar an Pinn- oder Metaplanwänden ausgehängt, durch die Gastgeber oder Gastgeberin vorgestellt und durch alle Gäste jeweils mit roten Punkten priorisiert. Die relevantesten Ergebnisse dieser Reflexionsphase können anschließend in Arbeitsgruppen weiter diskutiert werden.

Das **Themencafé** ist eine Variante des Worldcafés, die sich für größere Zusammenkünfte eignet. Methodisch entsprechen sich die beiden, jedoch wird beim Themencafé nicht an allen Tischen zum selben Thema aufbauend gearbeitet, sondern an mehreren Tischgruppen jeweils zu einem Unterthema nach dieser Methode. Damit ist das Themencafé eine Schnittmenge aus sich wiederholenden multithematischen *Round Table Sessions* und dem aufeinander aufbauenden Runden des monothematischen Worldcafés. Die Gäste können sich nach Interesse den Tischen zuordnen und dementsprechend wechseln. So bietet sich die Möglichkeit, noch mehr Personen in die verschiedenen

Ideenfindungsprozesse einzubinden und dabei das Oberthema zudem breiter zu bearbeiten.

4.21   Zukunftskonferenz (Future Search) (V21)

1. **Charakter:** Visionäre Großgruppenkonferenz zur Planung bereitwilliger Maßnahmen
2. **Ziele**
   - positive Zukunftsprojektierung
   - gemeinsamer Entwurf konkreter Handlungsoptionen
   - Projektfortführung durch freiwillige Maßnahmen
   - Problemlösung
   - „Wir-Gefühl"-Stärkung durch Partizipation
3. **Anwendung**
   - Unternehmen
   - NGOs
   - Bürgerbeteiligungsforen
4. **Teilnehmerzahl:** 64–80 TN, 1 Moderator/Moderatorin
5. **Dauer:** bis zu 3 Tagen
6. **Methode**

Grundlage der erfolgreichen Arbeit auf einer Zukunftskonferenz ist zum einen die heterogene Durchmischung der Teilnehmenden, zum anderen die Gleichberechtigung dieser innerhalb der zu bildenden Kleingruppen. Somit können vielfältige Aspekte in die Visionen einfließen und diese letztendlich auch als Konsens von einer breiten Basis getragen werden.

Die Zukunftskonferenz gliedert sich strukturell in fünf Phasen:

- In der ersten wird ein analytischer Blick zurück in die Vergangenheit des zu gestaltenden Bereichs, auf Problemlagen und die beteiligten Personen geworfen.
- In der zweiten Phase wird durch Experten und Expertinnen oder Personen aus Leitungsgremien eine Einschätzung der gemeinsamen Gegenwart vorgenommen, der aktuellen Einflüsse und Entwicklungen. Damit erfolgt nach Vergangenheit und Gegenwart der Übergang von der Problemanalyse zum inhaltlichen Entwickeln positiver Zukunftsvisionen.
- In der dritten Phase gliedern sich die Teilnehmenden deshalb in heterogene, selbstständig arbeitende Kleingruppen von bis zu acht Personen, die Ideen für eine von ihnen favorisierte Zukunft entwickeln.

- In der vierten Phase werden die individuellen Visionen der Kleingruppen im Plenum vorgestellt und Gemeinsamkeiten der Projektionen herausgearbeitet.
- Diese Gemeinsamkeiten sind der inhaltliche Konsens, aus dem in der fünften Phase konkrete, von allen getragene Maßnahmen und Schritte für die Beteiligten abgeleitet und als Plan festgehalten werden.

Was Sie aus diesem *essential* mitnehmen können

- Klassische und moderne Veranstaltungsformate stehen nicht in direkter Konkurrenz zueinander, doch die Ansprüche der Teilnehmenden an Veranstaltungsformate wachsen.
- Charakteristika der modernen Formate: kurzweilig, kompakt, unterhaltsam, zielorientiert, hoher Partizipationsgrad, Schwarmintelligenz und moderne Medien nutzend, weniger Top-Down-Kommunikation, interaktiv und interdisziplinär.
- Konventionelle Veranstaltungen versuchen vielfach, ihr Format durch ein Cross Over mit Elementen moderner Formate aufzuwerten.
- Der Erfolg einer Veranstaltung hängt nicht nur von der Zufriedenheit der Veranstalter, sondern insbesondere der der Teilnehmenden ab.

© Springer Fachmedien Wiesbaden GmbH, ein Teil von Springer Nature 2018 41
T. Knoll, *Veranstaltungsformate im Vergleich,* essentials,
https://doi.org/10.1007/978-3-658-22018-1

Literatur

Behrens-Schneider, C., Birven, S.: Events und Veranstaltungen organisieren. Redline, München (2007)

Biskup, D.: mastermind. Einblick in die neuen und klassischen Veranstaltungsformate (E-Book). (2016)

Bühnert, C., Luppold, S. (Hrsg.): Praxishandbuch Kongress-, Tagungs- und Konferenzmanagement. Konzeption & Gestaltung, Werbung & PR, Organisation & Finanzierung. Springer Gabler, Wiesbaden (2017)

Gleich, M.: Der Kongress tanzt. Springer Gabler, Wiesbaden (2014)

Kirchner, M. (Hrsg.): Events in der Wissenschaft. INSCICO, Berlin (2013)

Knoll, T. (Hrsg.): Neue Konzepte für einprägsame Events. Partizipation statt Langeweile – vom Teilnehmer zum Akteur. Springer Gabler, Wiesbaden (2016)

Knoll, T. (Hrsg.): Veranstaltungen 4.0. Konferenzen, Messen und Events im digitalen Wandel. Springer Gabler, Wiesbaden (2017)

Lüttmann, D.U., Schwarzkopf, P.: Pimp up your Coffee Break. Networkingformate für Veranstaltungen, Konferenzen, Businessevents. Gabal, Offenbach (2011)

Schäfer-Mehdi, S.: Event-Marketing. Kommunikationsstrategie, Konzeption und Umsetzung, Dramaturgie und Inszenierung, 3. Aufl. Cornelsen, Berlin (2009)

Schreiber, M.-T. (Hrsg.): Kongresse, Tagungen und Events. Potenziale, Strategien und Trends der Veranstaltungswirtschaft. Oldenbourg, München (2012)

Zanger, C. (Hrsg.): Events und Emotionen. Stand und Perspektiven der Eventforschung. Springer Gabler, Wiesbaden (2015)

© Springer Fachmedien Wiesbaden GmbH, ein Teil von Springer Nature 2018   43
T. Knoll, *Veranstaltungsformate im Vergleich,* essentials,
https://doi.org/10.1007/978-3-658-22018-1

Lesen Sie hier weiter

Thorsten Knoll

Veranstaltungen 4.0
Konferenzen, Messen
und Events im digitalen Wandel

2017, XXIX, 266 S., 40 s/w-Abb.,
69 Abb. in Farbe
Softcover € 34,99
ISBN 978-3-658-16222-1

Thorsten Knoll

**Neue Konzepte für
einprägsame Events**
Partizipation statt Langeweile –
vom Teilnehmer zum Akteur

2016, XXI, 146 S., 20 s/w-Abb.,
12 Abb. in Farbe
Softcover € 34,99
ISBN 978-3-658-10154-1

Änderungen vorbehalten.
Erhältlich im Buchhandel oder beim Verlag.

Einfach portofrei bestellen:
leserservice@springer.com
tel +49 (0)6221 345-4301
springer.com

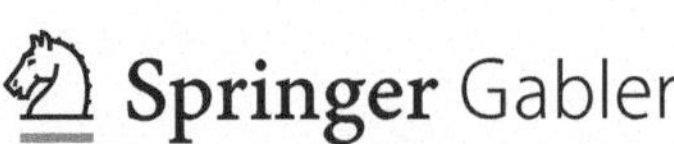